AF331621

DE

L'ABUS DES MOTS;

FUNESTE INFLUENCE DE CET ABUS.

DE QUELQUES ERREURS GRAVES DE J. J. ROUSSEAU

DANS SON CONTRAT SOCIAL, AU SUJET DE LA

SOUVERAINETÉ DU PEUPLE.

———

La puissance réside dans le peuple, la souveraineté dans la loi et la force du gouvernement, sa grandeur dans des hommes d'État capables et d'un beau caractère.

PAR J. M....
ANCIEN ÉLÈVE DE L'ÉCOLE POLYTECHNIQUE.

———

PARIS,

IMPRIMERIE DE MADAME VEUVE BOUCHARD-HUZARD,
RUE DE L'ÉPERON, 7.
———
Avril, 1848

Dans les circonstances graves, tout citoyen, dans quelque position qu'il se trouve, doit au pays le tribut de ses réflexions, s'il les croit utiles; et quelles circonstances furent jamais plus graves que celles dans lesquelles se trouve présentement la France?

L'histoire d'hier est aujourd'hui de l'histoire ancienne, tant les événements les plus extraordinaires se sont succédé avec la rapidité de l'éclair dans notre pays et en Europe, du nord au midi! Aujourd'hui la France tient dans ses mains ses propres destinées, et de ses destinées nouvelles dépendront les destinées du monde!

Pour constituer un ordre nouveau et populaire qui soit désormais bien stable, pour que le peuple français qui, avec tant de magnanimité, avec tant de promptitude et de grandeur, vient de rentrer de nouveau dans ses droits, pour qu'il puisse conserver ses droits sacrés, pour qu'ils soient définitivement, irrévocablement acquis à la France et au monde civilisé, il importe de mettre à profit l'expérience des temps passés, de bien apprécier comment proclamés déjà en 1791, reconnus la plupart en 1814, en 1815 et sanctionnés encore par la mémorable révolution de 1830, comment ces droits ont cependant été altérés ou méconnus par les divers gouvernements qui se sont succédé en France (1).

On avait coutume de croire et de dire que la STABILITÉ est un motif puissant qui doit faire préférer l'état *monarchique* à l'état *républicain;* mais, l'expérience de quatre grandes révolutions, en moins de soixante ans, n'a-t-elle donc pas assez prouvé le contraire pour notre pays maintenant trop éclairé pour être ramené encore de la liberté au despotisme et pour tourner de nouveau dans ce cercle vicieux parcouru déjà tant de fois depuis 1789 et qui doit enfin être transformé en ligne droite, en ligne du progrès : tel est l'ascendant du pouvoir *exécutif* en France, que bientôt entouré de courtisans, de flatteurs, des vertiges s'emparent de lui et la fascination l'égare de plus en plus avec le temps et à mesure qu'il se croit mieux assis; en 1830, déjà, on avait en quelque sorte proclamé la République et, disait-on, *la meilleure des républiques,* avec un président *héréditaire*; mais, le nouveau président héréditaire n'a pas tardé à méconnaître l'origine de son pouvoir, et de même que ses prédécesseurs, empereur et roi, aveuglé par des courtisans, par des sophistes, il a prétendu rapporter à lui toute domination et a jeté ainsi dans

(1) Placé, bien malgré moi, à un certain point de vue, j'ai essayé d'aborder ce sujet dans un travail étendu, *sur les droits et garanties constitutionnels,* dont cet opuscule est extrait.

de nouvelles convulsions, un peuple fier et jaloux de ses libertés qui déjà avaient été conquises et reconquises au prix de tant de sacrifices (1).

Dans notre état actuel de civilisation, en France bien plus qu'en tout autre pays, il doit donc être bien reconnu que *les longs commandements*, que *l'hérédité du pouvoir* peuvent et doivent avoir des effets d'autant plus funestes que les chefs suprêmes sont bientôt égarés, aveuglés par les courtisans qui abondent et ne tardent pas à obstruer toutes les avenues du pouvoir. Enfin, une telle expérience tant de fois répétée et si chèrement acquise, chaque fois, doit suffisamment démontrer la nécessité impérieuse d'un pouvoir exécutif avec un chef suprême responsable, temporaire et à courts termes (2).

Le peuple a fourni assez de preuves qu'il ne veut plus, qu'il ne peut plus supporter le despotisme ; et, par sa modération, par le bon sens, par la raison qui le distinguent, par l'esprit de justice qui l'anime, il a montré de plus que la corruption, quelque grands que soient les ravages qu'elle avait déjà faits sous le gouvernement déchu, ne l'a pas atteint et qu'il est vraiment digne de la liberté.

Pour mieux enseigner à leurs enfants la sobriété, les Lacédémoniens exposaient à leurs regards des ilotes ivres ; eh bien ! pour faire encore mieux aimer la liberté, pour faire de bons citoyens sincèrement attachés à la chose publique et à notre gouvernement nouveau qui sera réellement national, puisque sorti du sein du pays par voie d'élection, il en comprendra, en soutiendra mieux tous les intérêts ; en un mot, pour faire de vrais Républicains, il faut qu'ils sachent bien par quels moyens divers le despotisme a cherché, depuis 1789, à prendre racine en France sous tous les régimes que nous avons subis et particulièrement sous le

(1) Un grand citoyen, Jacques Laffitte, ne demandait-il pas, il y a déjà plus de dix ans, pardon à Dieu et aux hommes d'avoir contribué à établir ce gouvernement déloyal qui était parvenu à escamoter la Révolution de juillet?

(2) Objecterait-on qu'à chaque réélection, il y aurait de l'agitation, des orages, des tourmentes? Mais, à cet égard, quoi de plus rassurant que la raison, le bon sens du peuple qui, déjà en 1830 et depuis le 24 février dernier, dans des circonstances bien autrement critiques, s'est soumis, avec tant de calme, aux nécessités d'un état de choses provisoire. Donc, nulle crainte à concevoir pour le maintien de l'ordre, tandis que ces élections fréquentes auront au contraire le double avantage, d'une part, d'entretenir la vie publique, d'attacher davantage les citoyens aux intérêts généraux ; d'autre part, d'empêcher que la courtisanerie, comme le lierre, ait le temps de s'attacher au pouvoir exécutif qui, ne se transmettant plus héréditairement, puisera sans cesse ses propres inspirations au sein du peuple dont il connaîtra toujours mieux les vrais besoins.

gouvernement dont nous venons d'être enfin délivrés : *l'empire*, c'était le régime du sabre ; *la restauration*, c'était le régime ressuscité du privilége, de la légitimité, la restauration de la noblesse et du clergé ; *le gouvernement de juillet*, c'était le régime de la cupidité, de la corruption, de la fraude et de la fourberie (1) ; *le gouvernement républicain* doit être et sera, sans doute, le régime de la franchise, de la loyauté, de la liberté, de la fraternité, du désintéressement de la part des gouvernants, du civisme, de l'amour du bien public de la part des gouvernés.

L'astuce, la fourberie, la corruption devaient perdre et ont perdu le dernier gouvernement ; peut-on craindre que notre gouvernement nouveau puisse, sous aucun rapport, suivre les mêmes errements et que ses agents puissent se livrer à des manœuvres basses, honteuses, qui avaient si fort contribué à affaiblir, à discréditer le gouvernement déchu (2) ?

(1) Si le lecteur trouvait qu'il y a peu de générosité à caractériser en termes aussi francs un gouvernement renversé, je répondrais qu'à la veille de publier, en 1841, en temps encore opportun, un second mémoire *sur les fortifications de Paris*, incarcéré alors et puis séquestré COMME ALIÉNÉ *par ordre de l'autorité; flétri ainsi par suite d'un guet-apens et de certificats faux, de forfaitures de la part de fonctionnaires publics; depuis diffamé encore et en butte, pendant sept années consécutives, à des persécutions odieuses et les plus acharnées, sans avoir pu obtenir une réparation indispensable*, ce gouvernement debout, je serais assez autorisé à le caractériser en termes plus énergiques.

(2) Voici ce que je consignais, en décembre dernier, dans le travail étendu déjà cité en note :

« Dans les gouvernements absolus, la souveraineté appartient de fait au prince, au maître, à l'homme, tandis que dans les gouvernements constitutionnels, la souveraineté réside dans la loi; en conséquence, là, les hommes sont sujets du maître, de l'homme; ici, ils sont sujets de la loi et ici encore ils sont citoyens, parce que leurs droits comme leurs devoirs doivent les porter à s'occuper des intérêts généraux, des affaires publiques; enfin là, c'est la force qui commande; ici, ce sont les lois; d'où il suit que d'un côté, ce sont les abus de la force ouverte que les gouvernés ont le plus à craindre, tandis que sous un gouvernement constitutionnel, c'est de l'astuce, de la fourberie, de la corruption, de la fausse interprétation des lois et des mauvaises lois elles-mêmes faites par des législateurs incapables ou corrompus nés d'une loi d'élection trop imparfaite, que les citoyens peuvent surtout avoir à souffrir. »

« De ces divers rapprochements, il doit résulter que, dans un gouvernement constitutionnel, le pouvoir exécutif n'ayant pas la faculté de faire abus de la force publique qui lui est confiée, comme dans un gouvernement absolu, et l'autorité n'ayant pas moins à sa disposition tous les moyens (hom-

Des mots tels que *républicanisme, droits de l'homme, civisme, souveraineté du peuple*, etc., suffisent pour donner encore la fièvre à bien des gens qui, dans l'application de ces mots, croient toujours voir des spectres de terreur. Qui oserait même prononcer encore le mot *vertu* après tous les abus de cette expression qui devrait cependant rappeler tout ce qu'il peut y avoir dans l'homme de grandeur, de dignité?

Parce que des hommes, la plupart de bonne foi, mais égarés par de faux systèmes et fanatisés, aigris de plus par les résistances qu'ils éprouvaient, ont fait de cruels abus de certains mots, est-ce donc une raison

mes et choses) et ses agents n'étant ni des dieux, ni des anges, pas même des saints, mais des hommes comme les autres, avec les faiblesses et les passions humaines qui en eux doivent fermenter d'autant plus qu'il y a excitation plus grande par la disposition de tant de moyens, de tant de ressources en tout genre,

« De cet état de choses, il doit donc résulter que pour satisfaire leurs passions, leurs haines, leur ambition, pour parvenir à primer, à dominer, à se faire craindre, à défaut de la force ouverte, c'est à l'astuce, à l'intimidation et à la corruption qu'il faudra que les agents du pouvoir exécutif aient recours et qu'à cet effet ils créent, ils aient à leur usage une science politique particulière, en quelque sorte mystérieuse par ses agents, par ses moyens, propre enfin à assurer la domination réelle aux gouvernants au détriment de la domination des lois la seule légitime, domination qui ne serait plus guère alors qu'un vain simulacre. »

« Pour mieux éluder les conséquences du gouvernement constitutionnel, on multiplierait les moyens de police, de contre-police et les agents secrets; on aurait des bureaux d'esprit public, de calomnie, de diffamation, des cabinets noirs à l'administration des postes; une congrégation centrale étendrait ses ramifications sur tout le pays, à l'aide d'affiliations composées d'observateurs, de compères, d'endormeurs tenant à tous les états, à toutes les opinions, même à la presse et aux Chambres, affiliations dans lesquelles seraient enrôlés en plus ou moins grand nombre des fonctionnaires en activité, en retraite, etc. Aux femmes serait réservé un rôle important dans ce système, à raison de leur influence, de leur ascendant, de leur impressionnabilité et de tous les moyens d'intimidation, de séduction qui ont prise davantage sur le beau sexe, d'une part la crainte, d'autre part la flatterie, les faveurs, les grâces, les honneurs, etc., etc. Ainsi, ce serait un état perpétuel de suspicion, de haute surveillance dans lequel serait mise la société et qui ne permettrait pas même de savoir à qui se fier.

« Un tel gouvernement arrivé à ces limites, ne reposant plus sur les intérêts généraux, mais sur l'hypocrisie, sur la fraude, exploitant toutes les basses passions, pourrait-il avoir une longue durée? Il deviendrait absolu, s'il parvenait à rendre les âmes vénales, mais pour peu que les citoyens eussent conservé d'énergie et de dignité, il serait à coup sûr renversé, chassé, sans espoir de retour. »

pour proscrire les choses que ces mots représentent? Les auto-da-fé, les persécutions sanglantes contre les Albigeois, contre les Vaudois, les guerres de religion, les dragonnades devaient-ils faire proscrire la Religion elle-même, parce que c'est en son nom que tant d'atrocités ont été commises?

De même que les lumières par leur progrès, en dégageant la Religion d'intérêts matériels et subalternes et en l'épurant ainsi, l'ont rendue plus sainte, de même, appuyées sur une expérience déjà longue et si chèrement acquise depuis 1789, les lumières, aujourd'hui beaucoup plus répandues, doivent restituer aux choses leur véritable valeur et faire mieux apprécier ce qu'on doit entendre maintenant par ces mots : *république* qui est la chose de tous, la chose publique; *civisme* qui est l'amour de la chose publique; *droits de l'homme* qui ne sauraient être déniés, repoussés par aucun citoyen, puisque ces droits servent de garanties à leurs personnes et à leurs biens, au fruit de leur travail, de leur industrie.

Bien des causes s'opposaient, en 1789, à ce que les premiers efforts de nos pères eussent, tout d'abord, le plein succès qu'ils en attendaient :

1° La liberté à laquelle ils aspiraient, est un aliment sans doute bien précieux, mais de difficile digestion, il faut que l'estomac y soit préparé ; on ne peut passer du jour au lendemain de la servitude à une complète liberté : pour qu'un peuple entier puisse être libre, il faut qu'il soit préparé et façonné en quelque sorte à la liberté; en 1789, ce n'était pas d'abord une émancipation complète qui convenait; successive, elle aurait été durable et bien des maux auraient été évités. Mais, aujourd'hui, dans l'état provisoire et critique où nous nous trouvons, le calme qui a si promptement succédé aux journées de février et l'esprit d'ordre au sein de la plus grande liberté, qui règne en France, ne sont-ils pas des preuves assez évidentes que quatre révolutions et soixante ans d'expériences ont fait grandir l'arbre de la liberté et que ses fruits sont assez mûrs pour que le peuple entier puisse dès à présent les cueillir et en user largement ?

2° On n'avait pas, en 1789, des notions assez claires des tendances de la civilisation moderne qu'on confondait encore trop avec la civilisation ancienne : préoccupé des Républiques de la Grèce, de la République Romaine, on voulait être Grec ou Romain, on voulait que les masses délibérassent et *fissent elles-mêmes* les affaires publiques, sans considérer assez que tous ces anciens peuples Rois ou Souverains, étaient resserrés dans des villes, à Athènes, à Sparte, à Rome, et que, dans ces temps-là, l'industrie, les travaux des champs, des ateliers, alors avilis, étaient confiés à des esclaves; qu'ainsi, le peuple avait les loisirs et tout le temps de se livrer lui-même aux affaires publiques, de les discuter, d'en délibérer, de veiller à son indépendance, de se livrer au métier des armes, que les Romains comptaient aussi sur leurs conquêtes, sur les dépouilles des vaincus, sur les tributs des provinces conquises, tandis que, de nos jours, au contraire, les lois divines et humaines s'accordant à proscrire l'esclavage, à reconnaître tous les hommes égaux devant elles, et que notre civilisation qui doit aussi rapprocher les peuples entre eux, repoussant les guerres et les conquêtes, c'est sur le travail intelligent, c'est sur les arts et l'industrie cultivés par des mains libres, que reposent essentiellement l'aisance des familles, le bien-être des sociétés et la puissance des nations.

3° Un écrivain illustre, le plus grand peut-être des philosophes modernes et par son génie et par ses vertus et par ses malheurs, fut le prophète précurseur de notre première et grande Révolution; son *Contrat social* servit de guide aux promoteurs de l'ordre nouveau; mais, ce grand homme lui-même n'était pas, ne pouvait être infaillible; guidé par le simple bon sens et par la raison que Dieu m'a départis, plus loin, j'essayerai de relever quelques erreurs graves de son *Contrat social* qui, adoptées par nos premiers législateurs et notamment par ceux de la Convention, contribuèrent à faire péricliter la chose de tous, la République.

4° Si l'on considère l'état des hommes et l'état des choses *dans l'intérieur de la France*, à l'époque où l'Assemblée Constituante proclama sa constitution, alors tout était à refondre, à réorganiser : il fallait détruire et tout créer, il fallait faire entrer dans les nouvelles limites assignées *et* le pouvoir judiciaire que l'on organisa, *et* le pouvoir exécutif jusque-là absolu, *et* la noblesse, le clergé qui devaient renoncer à leurs privilèges. Quant aux choses, les difficultés étaient sans doute bien grandes aussi; mais, il n'y avait là que des résistances inertes à vaincre et elles devaient être passagères; mais, pour façonner les hommes, pour les soumettre tous au niveau de la Constitution, quelles difficultés alors presque insurmontables et qui n'existent plus aujourd'hui que le terrain est depuis longtemps déblayé déjà pour les hommes et pour les choses!

5° Une si grande Révolution ne devait pas seulement trouver une opposition très-vive à *l'intérieur*, mais on devait s'attendre encore *du dehors* à des intrigues, à des menaces, à des guerres de la part des Gouvernements absolus alors tout puissants et disposant à leur gré des populations, tandis qu'aujourd'hui, après les événements de 1830 qui déjà avaient ébranlé les trônes, le 24 février a réveillé partout les peuples que nous pouvons considérer comme nos alliés.

En résumé,

Les circonstances sont donc bien différentes aujourd'hui; elles sont tellement favorables qu'avec de la sagesse de la part de nos gouvernants et avec de la confiance et de la modération de la part des gouvernés, on peut prédire que, désormais, le despotisme ne trônera plus en France, car ce n'est que de l'anarchie qu'il pourrait renaître, et c'est contre ce fléau qu'il importe maintenant de se prémunir; s'il renaissait, si, au lieu de réaliser les grandes destinées qui nous attendent, nous retombions dans de nouvelles convulsions, n'y aurait-il pas de notre faute (1)?

Enfin, à voir le bon sens, la raison dont le peuple continue à donner tant de preuves, peut-il y avoir encore pour les esprits les plus timorés, la moindre inquiétude sur notre avenir qui peut être si brillant, quelque tristes que soient les legs de corruption et pour la répandre les profusions auxquelles ne suffisaient pas un milliard et demi d'impôts, et par suite le legs d'une banqueroute imminente que nous a laissé le gouvernement déchu. Mais le déficit des finances sera plutôt comblé, que les remèdes à apporter aux maux enfantés par la corruption, n'auront produit les effets salutaires qu'on doit en attendre.

Pour rendre l'anarchie impossible, tous les bons citoyens s'accordent à reconnaître qu'il ne faut ni exaltation outrée, ni prétentions qui ne soient fondées en raison, ni entraînement inconsidéré, et que surtout il importe, au plus haut degré, de bien s'entendre. J'ai dit que l'abus des mots pouvait avoir une funeste influence, tel est l'abus qu'on peut faire des mots : *souveraineté du peuple, volonté générale*; Rousseau, dans son *Contrat social*, consacre plusieurs chapitres à ces mots qui ont tant contribué à égarer les assemblées populaires et la convention nationale; que d'excès pourtant on aurait évités, si par l'adoption de significations plus justes de *quelques mots*, on avait pu alors faire justice de prétentions désordonnées nullement fondées en raison!

Ce n'est pas en quelques pages qu'il est possible de traiter convenablement des questions aussi fondamentales, de s'étendre assez pour bien établir, par exemple, la distinction à faire entre les mots *puissance* et *souveraineté* et pour tâcher de démontrer que c'est la puissance plutôt que la souveraineté qui réside dans le peuple, que la souveraineté émane sans aucun doute du peuple, mais ne doit pas, dans nos temps modernes, résider en lui; que c'est dans la loi que doit essentiellement résider la souveraineté, par plusieurs raisons : d'abord, parce que les citoyens sont et doivent être sujets de la loi et ne peuvent être sujets du peuple ou d'eux-mêmes; parce qu'une condition essentielle que le pacte social doit remplir, c'est de comprendre les besoins, d'embrasser assez bien tous les intérêts généraux et positifs, les principes fondamentaux et

(1) Sans doute, le terrain est déblayé, mais il n'y a pas moins de grandes difficultés à surmonter encore, telles que l'immense profondeur du déficit dans les finances à combler, la question des travailleurs à résoudre et par-dessus tout, les milliers de queues encore vivaces de la monarchie, qu'il faut rendre inertes. Aussi, quelles actions de grâces le pays ne devra-t-il pas à notre gouvernement nouveau et à l'assemblée nationale, s'ils parviennent par leur sagesse et sans de trop grands froissements, à surmonter ces grands obstacles.

invariables, pour garantir l'harmonie et la stabilité indispensables *et* à la constitution qui doit être l'expression du pacte, *et* aux lois qui doivent ressortir de cette constitution *et* à la société pour laquelle, en définitive, la constitution et toutes les lois doivent être faites ; car le but final de la constitution et des lois doit être d'asseoir, de consolider l'ordre social, d'assurer, autant que possible, à l'organisation sociale, l'harmonie et la stabilité qu'il faut bien reconnaître et proclamer aussi comme une nécessité : sans ordre, sans harmonie, pourrait-il y avoir de vraie liberté ?

Dieu lui-même, en établissant des lois éternelles qui assurent la stabilité et l'harmonie de tant de mondes et auxquelles doivent toujours obéir tous les êtres de l'univers, a voulu que ces lois fussent souveraines. Sans doute, les lois naturelles et divines auxquelles nous sommes soumis nous-mêmes, sont parfaites, et nos lois par lesquelles nous cherchons à imiter la sagesse divine, afin d'assurer *à la fois et* à l'ordre social de la stabilité *et des* garanties certaines à la vraie liberté (1), nos lois sont et doivent être imparfaites comme notre intelligence ; elles se ressentent de la faiblesse et des passions humaines. Aussi, combien a-t-il fallu de temps et d'efforts à l'homme pour arriver à des principes simples, pour reconnaître ses droits et tâcher de les faire prévaloir. Telle est notre faiblesse qu'il nous faut toujours *un pouvoir législatif* pour améliorer nos lois, pour en étendre le domaine et veiller à nos intérêts généraux.

Les lois une fois promulguées doivent être souveraines ; mais nos législateurs, qui en les rédigeant, en les promulguant, font acte de puissance souveraine, reçoivent eux-mêmes leur mission, tous leurs pouvoirs du peuple, et c'est ainsi que le peuple, en conférant ses pouvoirs, fait par lui-même, dans toute son indépendance, dans la plénitude de sa puissance, acte de souveraineté.

La souveraineté émane donc du peuple, mais elle n'est pas en lui, elle n'est pas dans les législateurs, elle est, *de fait*, dans la loi qui doit être l'expression du droit, de la justice et de la raison humaine.

Quant à *la volonté générale*, à quel signe certain pourrait-on la reconnaître ? Pour parvenir à leurs fins, tous les partis ne prétendent-ils pas avoir pour eux la volonté générale ? L'être pensant qui, par ses étu-

---

(1) La liberté, c'est le droit de suivre son culte, d'émettre ses opinions, de faire valoir ses convictions et ses facultés intellectuelles, de jouir du fruit de ses travaux et *surtout de n'être, en aucun cas, à la merci d'autrui, pas plus à la merci des agents du pouvoir exécutif qu'à la merci des malfaiteurs*, de n'être enfin sujet que de la loi. Le respect dû à la liberté des citoyens, doit donc être aussi une des conditions essentielles de stabilité.

des, par ses observations, ses méditations, est parvenu à se former des
convictions, est enchaîné par ses convictions mêmes ; il n'est plus libre
de les abdiquer ; sa volonté est enchaînée, à moins que l'égoïsme, l'ambition viennent, à leur tour, maîtriser ses convictions. Pourtant, s'il peut
y avoir des volontés réelles, ce sont bien les volontés individuelles ; mais
pour un peuple entier, il n'y a pas, il ne peut y avoir de volontés réelles ;
car, pour le peuple il y a des besoins, il y a des intérêts communs, ma-
jeurs, généraux et positifs qui dominent tout et qu'il faut satisfaire. Et,
s'il arrive que ces besoins, que ces intérêts généraux soient compromis,
qu'un Gouvernement représentatif ou populaire devenu pervers, despo-
tique, trahisse ces grands intérêts, alors les moindres soulèvements peuvent devenir les plus graves, le Gouvernement peut être renversé ; *ainsi,
un peuple éclairé et fort manifeste aussi sa puissance !* Dans des circonstances aussi critiques, l'agitation, les bouleversements devenant une
nécessité, les bons citoyens ne sont pas libres de ne pas y prendre part,
car c'est leur devoir pour que l'agitation tourne à bien et que le calme,
l'ordre renaissent.

Pour la nomination de leurs représentants, les électeurs eux-mêmes
sont-ils plus libres, si dégagés de tous liens, de toutes vues personnelles,
ils n'obéissent qu'à leur conscience, qu'à leur conviction que tel citoyen
plutôt que tel autre, est plus apte à bien remplir la haute mission de lé-
gislateur ?

Enfin, dans le mot *volonté*, il y a supposition d'abord d'incertitude,
d'hésitation et puis de choix, mais *la conviction acquise et l'intérêt
commun démontré, la conviction devient nécessité ; il n'y a plus alors
volonté, mais obligation.* C'est ainsi que la République devient aujourd'hui en France non pas un acte de la volonté générale, mais bien
une nécessité impérieuse que doivent reconnaître et proclamer tous les
candidats à l'assemblée nationale constituante comme condition essentielle dont les électeurs doivent surtout tenir compte.

Ainsi, désormais, plus de coteries de *personnes, de familles, de
castes, d'intérêts dynastiques,* plus de partis *légitimiste, bonapartiste,
orléaniste ;* en France, sous la noble devise LIBERTÉ ; FRATERNITÉ, il
ne doit plus y avoir que des partis *nationaux* et au sein de l'assemblée
nationale constituante, plus que des discussions sur la meilleure forme
républicaine à établir, à consolider.

J'ai dit plus haut qu'il n'y a que l'égoïsme, l'ambition qui puissent empêcher d'être fidèle à ses convictions ; mais, les convictions les mieux
fondées peuvent pourtant tenir à des circonstances données et être modi-
fiées avec ces circonstances ; des hommes de bien peuvent aussi se trom-
per, mais ils savent reconnaître leurs erreurs : ce n'est pas par complai-
sance, par faiblesse, par docilité qu'ils modifient alors leurs convictions ;
aux courtisans intéressés du pouvoir, aux hommes avides seuls appar-

tiennent la propension et le talent de préconiser, du jour au lendemain et sans conviction aucune, tout système quelconque qui vient à dominer.

Pour constituer une République, il faut des Républicains, peu importe qu'ils soient *de la veille* ou *du lendemain*, pourvu qu'ils soient convaincus, car il faut des hommes à conviction, il faut des hommes d'État prêts à sacrifier leurs petites passions et leur intérêt individuel à l'intérêt général, il faut des citoyens qui trouvent leur bonheur à contribuer, autant qu'il dépend d'eux, à la prospérité, au bien-être de la société et à la grandeur de la patrie ; ainsi, l'existence du Républicain dégagée de petites vues personnelles, d'intérêts égoïstes, s'épure, s'étend, sa sphère d'action s'agrandit, car ce n'est plus en lui seul que le citoyen vit, il vit encore dans ses semblables. Dans une République enfin, l'homme n'est quelque chose, n'est réellement citoyen, qu'en se rendant utile, à quelques travaux qu'il se livre, dans quelque position qu'il se trouve.

C'est avec une certaine réserve que je dois pourtant soumettre au lecteur les assertions qui précèdent touchant *la souveraineté du peuple et la volonté générale*, car ces assertions renversent les principes sur lesquels Rousseau s'était appuyé dans son *Contrat social*. Si ce grand philosophe s'est effectivement trompé, deux causes principales ont pu y contribuer : ramenant sans cesse ses lecteurs aux Républiques anciennes, il n'a pas tenu compte des différences essentielles qui caractérisent notre civilisation moderne, et puis, il était trop préoccupé des gouvernements des petits Cantons de la Suisse, de ces toutes petites républiques où les citoyens rassemblés peuvent délibérer eux-mêmes sur leurs intérêts communs, où les mœurs sont d'ailleurs simples et les besoins peu nombreux.

Avant de quitter un si grand sujet, qu'il me soit permis encore de faire quelques citations du *Contrat social*, à l'appui de mes assertions.

Au chapitre 7, livre 1er; DU SOUVERAIN, Rousseau est amené à conclure *qu'il n'y a, qu'il ne peut y avoir nulle espèce de loi fondamentale obligatoire pour le corps du peuple, pas même le Contrat social*. Mais le propre des lois et surtout de la loi fondamentale, du pacte social, n'est-il pas d'assurer la stabilité de l'ordre social et au lieu de la stabilité n'aurait-on pas alors l'anarchie en permanence ?

Au chapitre 4, livre 2; DES BORNES DU POUVOIR SOUVERAIN, en avançant *que le pacte social donne au corps politique un pouvoir absolu sur ses membres, pouvoir qu'il fait diriger par la volonté générale*, il n'établit ainsi rien de stable, d'après l'observation précédente, et pourtant il dit plus loin que, *sous la loi de raison, rien ne se fait sans cause non plus que sous la loi de nature.* C'est précisément pour cela qu'il doit y avoit des principes invariables et des droits, des devoirs imprescriptibles, puisque la loi de raison est invariable.

Au chapitre XII, livre 2 ; DIVISION DES LOIS. *En tout état de cause, dit-il, un peuple est toujours le maître de changer ses lois même les meilleures, car s'il lui plaît de se faire du mal à lui-même, qui est-ce qui a droit de l'en empêcher ?* erreur très-grave provenant de l'attribution de la souveraineté directe, effective, au peuple lui-même. Alors, n'y aurait-il pas trop de ferments de discorde, d'anarchie, et la stabilité, condition essentielle, encore une fois, où serait-elle? L'illustre écrivain reconnaît, si bien cette difficulté qu'au chapitre IV, livre 3, DE LA DÉMOCRATIE, il convient qu'*il n'y a aucun gouvernement qui tende si fortement et si continuellement à changer de forme, qui soit si sujet aux agitations intestines que le gouvernement démocratique*, et plus loin, que, *s'il y avait un peuple de dieux, ils se gouverneraient démocratiquement; qu'un gouvernement si parfait ne convient pas à des hommes.* Oui, sans doute, dans les conditions qu'il admet et que j'ai tâché de combattre comme très-dangereuses.

Au chapitre 12, livre 3 ; COMMENT SE MAINTIENT L'AUTORITÉ SOUVERAINE, il est dit que *le souverain ne saurait agir que quand le peuple est assemblé;* au chapitre 15, DES DÉPUTÉS OU REPRÉSENTANTS, *sitôt que le service public cesse d'être la principale affaire des citoyens et qu'ils aiment mieux servir de leur bourse que de leur personne, l'État est déjà près de sa ruine ; à force de paresse et d'argent, ils ont des soldats pour servir la patrie et des représentants pour les vendre;* plus loin, *toute loi que le peuple en personne n'a pas ratifiée est nulle, ce n'est point une loi;* citant les Anciens qui avaient des esclaves et qui n'eurent jamais de représentants, *quoi, dit-il, la liberté ne se maintient qu'à l'appui de la servitude ! peut-être, les deux excès se touchent... Quoi qu'il en soit, à l'instant qu'un peuple se donne des représentants, il n'est plus libre, il n'est plus... Tout bien examiné, je ne vois pas qu'il soit désormais possible au souverain de conserver parmi nous l'exercice de ses droits, si la Cité n'est très-petite.*

Voilà, pourtant, à quelles conséquences logiques ce grand philosophe fut conduit en fondant son contrat social *sur la souveraineté du peuple* telle qu'il l'entendait et telle qu'il faudrait se garder de l'entendre, pour parvenir à asseoir la nouvelle constitution Républicaine sur des bases assez solides et à assurer à l'ordre social nouveau, toute la stabilité si désirable et qu'il peut atteindre.

Entre la démocratie des anciens et la démocratie moderne, il y a ces différences essentielles :

1° Que la division ou plutôt la séparation des pouvoirs sociaux en pouvoirs *législatif, judiciaire* et *exécutif* ayant été inconnue aux peuples anciens, ils faisaient en général *par eux-mêmes* les affaires publiques, tandis que dans les temps modernes, c'est par voie de représentation, par voie d'élection, depuis le chef de l'État jusqu'au garde champêtre, c'est par des délégations spéciales et temporaires du peuple, que les affaires publiques doivent être traitées, les lois élaborées, les intérêts administratifs réglés, chaque citoyen devant, dès lors, aux autorités constituées le même respect qu'à la puissance populaire dont elles sont l'émanation ; tout citoyen conservant néanmoins le droit *et* d'émettre ses opinions sur les actes législatifs, administratifs *et* de faire valoir ses opinions par voie de supplique de pétition respectueuse.

2° Qu'*en droit*, suivant le travail et la capacité, et *devant la loi*, il doit y avoir pour tous égalité ;

3° Que la liberté chez les anciens, c'était la liberté politique, la liberté du citoyen et non la liberté personnelle. C'est à des barbares, aux Germains que la Civilisation moderne doit surtout ce sentiment d'indépendance personnelle, individuelle, sentiment inconnu des anciens et le plus grand adversaire du despotisme ; sentiment qui est le grand ressort qui fait mouvoir l'homme dans la société avec le plus de profit pour elle et avec le plus de dignité pour lui : sans indépendance personnelle, l'homme pourrait-il être lui-même, avoir toute sa valeur ? De nos jours, il ne pourrait y avoir en lui ni élévation, ni caractère ; il y aurait bientôt oubli des droits et absence de mœurs politiques. Ce serait donc un bien mauvais service que MM. les Socialistes rendraient à la société, ils feraient rétrograder la Civilisation, si jamais ils parvenaient à faire prévaloir leurs systèmes qui ont sans doute du bon qu'il faut prendre, en laissant de côté leurs exagérations ; car, le droit, la justice et la raison humaine n'ont rien d'absolu, ne sont pas exclusifs et ne résident pas dans les extrêmes.

La révolution de 1848 est une révolution à la fois politique et sociale : *politique*, en ce qu'elle doit mieux établir les fondements de la *vraie* liberté ; *sociale*, parce qu'elle doit rapprocher les diverses classes de la société, en élevant les unes sans déprimer les autres. Telle sera donc la haute et difficile mission de la nouvelle Assemblée, mission bien plus difficile, plus délicate en ce qu'on est convenu d'appeler l'organisation du travail, qu'en ce qui touche nos libertés, puisque nous manquons encore de données *positives* pour la *meilleure* solution du premier problème qui ne doit pas nous jeter tout à coup dans un monde nouveau, et qu'il importe de ne pas compliquer, tandis que pour le second problème, la nouvelle Assemblée héritière des grands souvenirs de 89, des grands travaux de l'Assemblée constituante et de la Convention, elle pourra mettre à profit tous les faits et l'expérience des temps passés si chèrement acquise.

———

Enfin, si la reconnaissance doit aussi être une vertu des peuples libres, par quelle inauguration plus digne, plus majestueuse, la nouvelle Assemblée constituante pourrait-elle procéder à ses nobles travaux, qu'en invoquant le génie des grands hommes de notre première Révolution dans le temple national consacré à la mémoire des citoyens qui ont illustré et de ceux qui illustreront la France, dans ce temple grandiose que les divers Gouvernements ont laissé jusqu'à présent désert, parce qu'ils ne voyaient les intérêts du pays que dans leurs propres intérêts et qu'ils rapportaient tout à eux ?

Que les portraits, les bustes, les statues de nos premiers législateurs, fondateurs de nos libertés, soient donc transportés au Panthéon, qu'un autel y soit dressé, et que là, devant Dieu et devant les images de nos pères illustres, soit faite l'ouverture des séances de l'Assemblée nationale, sous les auspices de l'Être suprème et sous l'inspiration de nos grands législateurs. Tel est le vœu que, dans les circonstances graves où nous nous trouvons, j'ose exprimer : ce tribut envers Dieu et envers nos pères, acquitté, disposerait encore mieux nos Représentants à être justes, humains dans leur grande œuvre; il porterait bonheur à la nouvelle constitution, car ce tribut serait un gage de plus de sa sagesse et de sa durée.

———

Imprimerie de madame veuve BOUCHARD-HUZARD, rue de l'Éperon, 7.

www.ingramcontent.com/pod-product-compliance
Lightning Source LLC
LaVergne TN
LVHW021802030726
842523LV00003B/1156